DÉTAILS ABRÉGÉS

SUR

LA CAMPAGNE DE MOSCOU

EN 1812,

En réponse à toutes les Brochures qui ont paru
sous ce titre jusqu'à ce jour;

PAR UN FRANÇAIS,

Secrétaire particulier de l'État-major d'une des
divisions de l'armée de Russie.

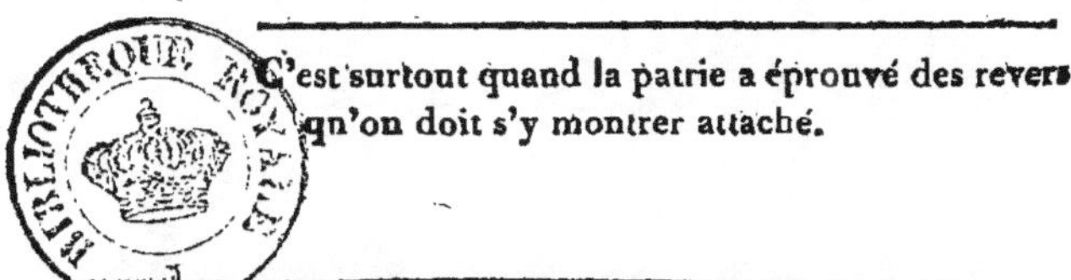

C'est surtout quand la patrie a éprouvé des revers
qu'on doit s'y montrer attaché.

A PARIS,

Chez Picard-Dubois, Libraire, quai Napoléon, n° 2.

1814.

DE L'IMPRIMERIE DE FEUGUERAY,
rue Pierre-Sarrazin, n° 11.

AVANT-PROPOS.

Arrivé depuis quelques jours à Paris, je me suis occupé, dans mes momens de loisir, à lire ces brochures éphémères que les circonstances présentes ont fait naître, et qui, pour la plupart mal écrites et dénuées de jugement, meurent en voyant le jour. J'ai cherché en vain dans ces ouvrages le langage de juges instruits et impartiaux ; je n'y ai trouvé que celui d'hommes envieux et ignorans. Ah ! n'a-t-on donc pas assez de reproches à faire à Buonaparte ? n'a-t-il pas commis assez de crimes, sans aller chercher des mensonges pour le rendre plus odieux? N'est-ce pas avilir le peuple Français, que de mettre au niveau des plus grands scélérats l'homme qui les gouverna pendant quatorze ans? Ne peut-on donc pas distinguer le général d'avec le souverain, l'homme à talent d'avec l'homme ivre d'ambition? Quelles sont les vues des auteurs de ces écrits? est-ce de faire la cour à nos augustes souverains, est-ce d'augmenter la haine des Français contre Buonaparte? Dans les deux cas ils se trompent. La famille des Bourbons connaît assez et l'amour des Français pour sa dynastie et ses droits à la couronne, pour n'avoir pas besoin de lire des pamphlets contre l'ex-Empereur. Elle sait apprécier à leur juste valeur tous ces écrits enfans de la haine et de l'ambition, *que l'on offre au plus heureux*, et *qui diffameraient même l'homme vertueux, s'il éprouvait des revers.* Aucun des Français n'ignore que l'ambition de Buonaparte les eût conduits à leur ruine entière ; l'interminable guerre qui moissonnait chaque jour l'élite de la jeunesse rouvrait assez souvent les blessures du cœur pour qu'on ait oublié qu'elle ne pouvait finir qu'avec l'ambition de l'ex-Empereur, c'est-à-dire qu'après la perte de sa vie ou de son trône. Pourquoi donc inventer des mensonges, répéter des sottises, mêler même le peuple Français dans les actions criminelles de Buonaparte ? Je l'ignore ; je ne chercherai pas à prouver combien cela est inutile ; je me tairai sur ces brochures, à l'exception de celles faites sur la campagne de Moscou (je dis celles que j'ai lues) ; il est aisé de voir qu'elles ont été écrites par des personnes qui, non-seulement n'ont pas bougé de chez elles, mais qui de plus n'ont aucune juste notion sur cette malheureuse campagne. Qui peut s'empêcher de se moquer de cet auteur qui dit , dans l'énoncé de son écrit : *Détails sur la campagne de Moscou, d'après les pièces communiquées par différens officiers russes , et autres personnes attachées à l'état-major de leur armée* ? Peut-on compter sur la vérité des rapports de la puissance adverse ? c'est comme si les Russes avaient cru les bulletins français. Je ne suis pas écrivain , je ne le serai même jamais ; mais je ne puis supporter que quelques mauvais griffonneurs de papier cherchent à avilir mes compatriotes , tel que cela est dans la brochure intitulée : *Fragmens sur la campagne de Russie, extraits de l'Ambigu*, où la plus belle armée qu'il y eut jamais , où *les vainqueurs de toute l'Europe* sont représentés comme une troupe d'assassins, comme des soldats sans aucune discipline, et foulant aux pieds toutes les lois de l'honneur. Peuples de l'Europe, je vous le demande, les guerriers de Polotsk, de Smolensk et de Mozaïsk étaient-ils des brigands? est-on indiscipliné quand on bat la plus belle armée russe, quand on lui enlève à Mozaïsk des positions jugées imprenables? J'ai fait cette campagne, j'ai été témoin d'une partie de ses malheurs, j'ai recueilli des uns et des autres des détails authentiques, je les raconte : toutes les personnes qui ont été en Russie avec notre armée jugeront de la vérité de ma narration. J'écris avec d'autant plus d'impartialité, que j'ai eu sous les yeux les tableaux les plus affreux de la retraite, que j'ai pensé moi-même en être la victime, et que, malgré cela, je n'ai jamais cessé d'être Français, et de dire avec François Ier que tout était perdu, hormis l'honneur.

DÉTAILS ABRÉGÉS

SUR

LA CAMPAGNE DE MOSCOU

EN 1812.

Deux motifs bien grands, selon Buonaparte, l'entraînèrent à la guerre qu'il entreprit en 1812 contre la Russie. Le premier est son insatiable ambition, qui lui faisait desirer d'augmenter encore le renom de ses armes, et de subjuguer la seule puissance continentale qui balançait son pouvoir ; le second est le desir qu'il avait de rétablir le royaume de Pologne, afin d'opposer un barrière naturelle à l'agrandissement de l'empire de Russie. Ce dernier motif eût peut-être été excusable si le bonheur des peuples l'eût dirigé ; mais le seul orgueil l'avait fait naître, et celui qui cherchait à maîtriser l'univers n'avait pas bonne grace d'annoncer qu'il ne faisait cette guerre que pour empêcher la Russie de s'augmenter. Personne n'ignore que si cette campagne eût été heureuse, l'année suivante aurait vu l'armée française sur les rives du Bosphore. Tel est le résultat de l'ambition qui, depuis le plus petit jusqu'au plus grand, étouffe tout sentiment d'humanité et rend l'homme insatiable lorsque même il se trouve au faîte des honneurs. Les flatteurs qui entouraient Buonaparte augmentaient encore son orgueil ; ils lui répétaient à chaque instant qu'il était le souverain des souverains, qu'il n'avait qu'à desirer pour être obéi, et qu'enfin on devait se trouver trop heureux de mourir pour son bon plaisir.

C'est en mars 1812 que la grande armée s'ébranla pour se porter sur la Vistule; elle pouvait être forte de trois cent mille hommes d'infanterie et de quatre-vingt mille hommes de cavalerie; une partie marcha sur Konigsberg par le Brandebourg, et une autre sur Varsovie par la Saxe. Jamais on ne vit rien de plus beau et de plus majestueux, et jamais peut-être une armée ne traversa un aussi long espace de pays en suivant une discipline aussi exacte ; car, non-seulement on avait établi à sa suite des conseils de guerre spéciaux et permanens ; mais encore une commission prévôtale était attachée à chaque division : les attributs de ce tribunal étaient de prononcer de suite sur tous les délits d'indiscipline, et ses jugemens s'exécutaient dans les vingt-quatre heures sans aucun rappel. Cette sévérité maintint l'ordre dans toute l'armée, et les habitans des pays qu'elle traversa ne pouvaient donner trop d'éloges à la manière dont se conduisait le soldat français. Mille et mille personnes ont entendu comme moi les Prussiens dire qu'ils préféraient loger trois Français à un Allemand, et même à un de leurs compatriotes : cet aveu fait par des étrangers qui nous détestaient souverainement, réfute tous les sots propos que l'on a tenus sur notre armée. On me dira : mais comment se fait-il que les Allemands, Prussiens et autres vous haïssent, puisque vous vous étiez conduits si bien dans leur pays ? La raison en est simple et très-naturelle : depuis six ans nous séjournions dans cette partie de l'Allemagne; depuis six ans, nourris et logés chez les habitans, nous les ruinions, et quoique l'on en eût agi honnête-ment avec eux, ils ne se voyaient pas moins à la veille de leur perte entière ; ils ignoraient quel serait le terme de leurs maux, puisque Buonaparte recommençait chaque jour de nouvelles guerres : voilà la raison de leur hai-ne, voilà pourquoi toutes les puissances nous ont abandonnés dans nos revers.

Le commandement des places par où de-vaient passer l'armée française et ses renforts fut donné à des officiers français : cela devait être, et cela n'ôtait rien au pouvoir de l'auto-rité du pays. Les gouverneurs tenant la main à ce que la plus exacte discipline fût mainte-nue, toute voie de fait, et même tout propos injurieux, étaient punis sur-le-champ. Je n'ai d'autre preuve à donner de la conduite de ces commandans français, qu'en disant que, pour récompenser la bonne gestion du général Du-rutte, qui fut pendant six mois gouverneur de Berlin, le roi de Prusse lui donna son portrait sur une tabatière d'un très-grand prix.

L'armée française, à l'exception du corps commandé par Jérôme, frère de Buonaparte, passa le Niémen le 23 juin; peu de jours après, elle fut à Wilna, capitale de la Lithuanie. Les manœuvres que l'on fit pour se porter sur cette direction séparèrent les corps russes : celui de Bagration fut le plus compromis, et il est certain que si Jérôme ne fût pas resté à Grodno, une partie de ce corps eût été prise. Voilà déjà une faute à reprocher à Buonaparte; une faute bien grande, puisqu'en portant son frère au commandement d'un des corps de l'armée, il compromettait le salut de tous; cependant il ne pouvait ignorer que Jérôme n'avait aucune connaissance militaire; et quel général lui donna-t-il pour le diriger? le général Vandamme, qui n'a pour lui qu'une bravoure trop souvent inconsidérée : et quand même il eût été plus instruit, il est fort douteux que Jérôme eût voulu suivre ses conseils.

Après s'être reposée quelques jours à Wilna, l'armée française se porta sur la Dwina, qu'elle passa le 17 juillet, quatre jours après

que le maréchal Oudinot l'eût traversée à Du-
naberg. La manœuvre de ce général fit tom-
ber au pouvoir des Français le camp retran-
ché des Russes à Drissa ; la plus grande partie
de l'armée française se porta sur Witepsk, et
le maréchal Oudinot, avec son corps, poursuivit le général Wittgenstein sur la rive droite
de la Dwina jusqu'à Polostk. Le 2 août, les
Russes surprirent la brigade Saint-Geniez et
firent prisonnier ce général ; mais tout le
corps d'armée du maréchal Oudinot s'étant
mis en mouvement, la bataille de Polostk s'engagea ; on se battit de part et d'autre avec
beaucoup de bravoure. Cependant les Russes,
après avoir fait des pertes immenses, furent
obligés de se retirer ; les Français eurent
aussi à regretter de bien bonnes troupes ; le
maréchal Oudinot fut blessé : dès-lors le
général Gouvion-Saint-Cyr prit le commandement de son corps d'armée : on ne pouvait mieux remplacer un brave que par un
autre brave.

Le gros de l'armée française que commandait Buonaparte, marchait en avant ; diffé-

rentes actions eurent lieu, et toujours les Russes se retirèrent : ils pouvaient avoir des raisons pour en agir ainsi ; mais il est certain que s'ils avaient été vraiment vainqueurs dans une de ces batailles, ils n'auraient pas laissé continuer à l'armée française sa marche sur Moscou. Le 16 août, cette armée arriva à la vue de Smolensk ; un corps russe fort de près de 30,000 hommes s'y était enfermé. On attaqua cette ville le 17 ; l'assaut fut des plus brillans ; les Polonais se battirent comme des lions ; ils enviaient aux Français les places les plus dangereuses. Cette ville fut bien défendue ; mais jamais on ne vit plus d'intrépidité que celle que déploya l'armée assiégeante.

C'est de cette époque que l'on peut dater le commencement et la source des sottises que commit Buonaparte dans la suite de cette campagne. La gloire que venait d'acquérir son armée, la valeur extraordinaire qu'elle avait montrée et dont l'éclat rejaillissait sur lui comme général, augmentèrent à tel point son ambition et son orgueil qu'il en paraissait ivre : dès ce moment il crut que rien ne pouvait lui

résister; il se persuada que son étoile vain-
crait jusqu'aux élémens. Il eût pu à cette époque faire une paix avantageuse; il ne la voulut pas; son entrée à Moscou l'occupait seule,
et c'est cela qui le perdit. Mais c'est à tort
qu'on l'accuse de n'avoir marché jusqu'alors
qu'à l'aventure, sans prendre de précautions,
sans songer aux alimens nécessaires à l'armée;
il faut, pour parler et écrire ainsi, n'avoir aucune notion sur le commencement de cette
campagne, sur les moyens que l'on avait employés pour la faire réussir; il faut n'avoir
jamais eu l'idée de ce que c'est que la guerre
pour être auteur des brochures qui sont inti-
tulées *Campagne de Moscou.*

Les moyens de sûreté qu'avait pris Buonaparte pour assurer ses communications avaient
été de mettre garnison dans toutes les places
fortes de Prusse et de Pologne. Le 7e corps
couvrait Varsovie, et celui commandé par le
maréchal Oudinot et ensuite par le maréchal
Gouvion-Saint-Cyr, était chargé d'observer
le général Wittgenstein, et de porter des re-
connaissances sur la route de Saint-Pétersbourg.

On ne peut douter que si le 7ᵉ corps n'eût été composé que de Français et de Polonais, non-seulement il aurait suffi pour couvrir Varsovie, mais encore l'armée de Tchitchagoff ne se serait jamais portée sur la Bérézina. Mais quand une armée est composée de soldats de différentes nations, et qu'il y a plusieurs chefs, elle ne peut être bien menée. On a vu par l'affaire de Podensa et par celle des environs de Slonim, ce qu'aurait pu faire le général Régnier s'il eût été le seul commandant. Les généraux Saken et Langeron n'ont pas oublié que ce général, avec la division Durutte et les Saxons, les poursuivit plus de cent lieues, et leur fit six à huit mille prisonniers.

Quant aux moyens qui furent mis en usage pour assurer les subsistances de l'armée, il n'est pas une personne de celles qui en fesaient partie qui ignore que l'on avait mis à sa suite, et pour être attaché à chaque corps, environ 20,000 voitures à la comtoise, destinées à porter du pain fabriqué et de la farine. On ne devait faire usage des denrées que coutenaient ces voitures qu'autant qu'on aurait manqué de vivres, et les deux bœufs qui traînaient chacune d'elles devaient aussi servir à nourrir l'armée. Je doute qu'on ait jamais conçu un projet plus utile, puisque, par ce moyen, chaque voiture portant cinq cents rations, on avait pour vingt-cinq jours de pain pour 400,000 hommes, et les 40,000 bœufs donnaient le quadruple de ces rations en viande; chacune de ces voitures portait en outre un peu de fourrage pour les animaux qui les traînaient.

Après la prise de Smolensk, l'armée française se porta sur Moscou. Si d'une part les Russes ne voulaient pas céder leur capitale sans risquer une bataille, de l'autre les Français aspiraient après une de ces affaires qui, mettant en opposition toutes les forces des deux puissances ennemies, avaient jusqu'à ce jour terminé les guerres entreprises par leur armée; officiers, soldats, tous demandaient cette bataille, qu'ils croyaient devoir fixer les destinées de la Russie. Buonaparte sut profiter de leur enthousiasme, et l'on marcha en avant.

De son côté, le général Koutousow, à la tête d'une armée presqu'aussi nombreuse que celle de Buonaparte, ne pouvait pas la laisser entrer à Moscou sans essayer les chances d'une bataille. Dès qu'il vit Smolensk au pouvoir des Français, il ne s'occupa plus que de choisir une position avantageuse pour arrêter leur marche: les hauteurs de Mozaïsk lui convinrent; il y fit faire de suite des redoutes hérissées de canons, et c'est là qu'il attendit l'armée française.

Le 4 septembre, cette armée arriva en vue des retranchemens de Mozaïsk; des officiers généraux d'artillerie et du génie furent envoyés pour les reconnaître: tous les jugèrent sinon imprenables, du moins très-périlleuses. Buonaparte, auquel on ne peut refuser d'avoir bien connu l'esprit du soldat français, fit savoir cette réponse à toute l'armée, qui par des cris unanimes demanda de marcher en avant en jurant de prendre les redoutes. Le 5 et le 6, on fit de part et d'autre ses dispositions; quelques affaires eurent lieu; mais ce ne fut que le 7, à cinq heures du matin, que commença cette fameuse bataille de Mozaïsk ou de la Moscowa. Il importait que les retranchemens russes tombassent au pouvoir de l'armée française : ce fut sur eux que se dirigea l'élite des troupes. La résistance fut des plus courageuses; mais elles furent emportées vers les dix heures. Si l'armée russe avait battu en retraite dès ce moment, quoique victorieux, cette journée aurait coûté beaucoup plus aux Français qu'aux Russes, puisque les premiers avaient déjà plus de dix mille hommes hors de combat, tandis que les autres n'en avaient que deux mille. Cependant le desir de sauver leur capitale, l'espérance de battre une armée qui avait déjà fait de grandes pertes, enfin l'honneur national, les portèrent à vouloir reprendre leurs redoutes ; mais l'artillerie française y était !.... et sa cavalerie flanquait les ailes de son armée. Malgré toute l'intrépidité que déployèrent les Russes dans les différens assauts qu'ils donnèrent, ils ne trouvèrent que la mort ; oui, il n'est que trop vrai, les Russes perdirent plus de vingt mille hommes à la seule attaque de ces redoutes. Après que leur réserve eut pris part à cette action, ils battirent en retraite : ce fut alors que la cavalerie française, par de belles charges, leur fit éprouver de grandes pertes. Cependant si l'attaque était vigoureuse, la défense était bien courageuse. On vit des carrés de Russes que la cavalerie ne pouvait entamer, et pour en venir à bout on était obligé de faire des trouées à coup de canon dans ces carrés, dans lesquels les cuirassiers exécutaient leurs charges. Cette bataille fut des plus meurtrières : la perte des Français s'éleva de quinze à dix-huit mille hommes, et celle des Russes de trente à quarante mille.

Conquérans de la terre, ô vous qui ne pouvez vous rassasier de cette gloire guerrière qui fait couler tant de larmes ! s'il vous reste un cœur susceptible de quelque sensibilité, c'est surtout en lisant le détail du tableau que présentait le champ de bataille de Mozaïsk, que vous devez maudire jusqu'au nom de cette guerre, ruine de l'univers. Je ne me sens ni la force ni le courage d'écrire toutes ces horreurs ; mais voyez-vous comme moi ce

long espace de terrain couvert de morts et de
blessés ? voyez-vous ces derniers solliciter en
vain par leurs cris et par leurs prières ou la
mort ou des secours? les voyez-vous non-seulement souffrir de leurs blessures, mais encore de la faim et de la soif? Remarquez celui-
ci auquel sa blessure a donné une forte alté-
ration, chercher à sucer le sang du cadavre qui
est près de lui.... Apercevez-vous cet autre
qui ne peut se traîner, et qui cependant cherche à atteindre ce fer dont il espère pouvoir
s'ôter la vie, qui, trompé par ses propres forces,
ne se fait qu'une nouvelle blessure qui ajoute
encore à ses souffrances ? Oui, il faut être plus
cruel que le tigre pour se faire un jeu de la
guerre. Mozaïsk ! ô Mozaïsk ! tu vis mourir
après un, deux, trois et quatre jours de tour-
mens les plus affreux, des braves que quelques secours auraient rendus à la vie. Six semaines après, en repassant sur ce champ de
bataille, on y trouva encore la plus grande partie des cadavres et les carcasses des chevaux tués.

J'ai entendu dire souvent : comment se fait-
il que les Français éprouvent toujours la moi-

tié moins de pertes que leurs ennemis dans les batailles qu'ils leur livrent? et l'on ajoutait : cela est inconcevable, cela est impossible. Vouloir faire entendre raison à des incrédules est chose peu facile, surtout quand l'esprit de parti est le seul qui influe sur eux ; mais il est aisé de convaincre les hommes de bon sens de la vérité de ces rapports. Les Français sont braves et intrépides ; cependant ils ne sont pas les seuls qui aient ces qualités ; les Russes surtout se battent bien ; mais le plus grand avantage que les Français aient sur eux, c'est la promptitude qu'ils mettent à exécuter leurs mouvemens. Il est facile de concevoir, même à l'homme le moins entendu dans l'art de la guerre, que si pour s'emparer d'une hauteur on met une heure pour y monter, tandis que le trajet pourrait s'en faire en une demie, on s'expose à perdre beaucoup plus de monde qu'on ne le ferait en mettant plus de célérité dans cette opération : voilà déjà une vérité incontestable qui prouve que les Français doivent faire moins de pertes que leurs adversaires. En second lieu, tous les

militaires de l'Europe conviennent que l'artillerie française l'emporte de beaucoup sur
celles des autres nations. La promptitude avec
laquelle l'artillerie légère se porte par-tout où
le besoin la demande n'a pas peu contribué
au gain des batailles que l'armée française a
livrées depuis vingt ans. Une de ses batteries
tire dix coups de canon avant que celles des armées étrangères aient le temps d'en tirer cinq.
Voilà ce qui n'est pas d'un petit avantage dans
une affaire dont la réussite consiste particulièrement dans la célérité que l'on met dans
l'exécution des manœuvres et dans la manière dont l'artillerie est servie. On ne peut
donc être étonné de ce que, dans presque tous
les combats que les Français ont livrés depuis
vingt-ans, ils aient perdu la moitié moins de
monde que leurs adversaires, et c'est ce que
l'on vit encore dans la bataille de Mozaïsk
dont je viens de donner un faible détail.

Ce qui prouve évidemment que la bataille
de Mozaïsk fut une victoire pour les Français,
c'est que le lendemain, une partie de leur armée prit la route de Moscou par plusieurs

points; les Russes se retirèrent après quelques
légères escarmouches, et les Français arri-
vèrent le 14 septembre vis-à-vis la plus ancienne capitale de la Russie. Ce fut ce jour, à
midi, que l'avant-garde de l'armée fit son entrée dans cette ville. On remarquait par-tout
un isolement qui parut l'effet de la peur; toutes
les maisons étaient fermées. On jugea à propos
de faire bivouaquer la partie de l'armée qui
était entrée à Moscou. Le feu avait déjà paru
dans quelques quartiers de cette ville; mais
ce ne fut que dans la nuit du 14 au 15 qu'il
éclata avec vigueur : bientôt toute cette belle
capitale n'offrit plus qu'une mer de feu. Le
soldat qu'on avait envoyé pour chercher à
éteindre l'incendie, se voyant privé de ses ressources, commença le pillage des maisons et
des caves que le feu avait respectées.

C'est en vain que, depuis l'époque de cette
catastrophe, on cherche à savoir si cette résolu-
tion de destruction avait été guidée par la raison et la sagesse. Quand on y réfléchit mûre-
ment et sans esprit de parti, on ne sait qu'en
penser. Comme il est d'habitude de juger d'après

les événemens, et que ceux qui ont suivi l'incendie de Moscou ont fait réussir les projets
que pouvaient avoir ceux qui les avaient for-
més et exécutés, on serait porté à croire que
cette idée de destruction avait été bien conçue.
Mais lorsqu'on pense que si Buonaparte n'a-
vait pas prolongé son séjour à Moscou, tous
ces sacrifices eussent été en pures pertes, en
pertes d'autant plus grandes pour la Russie
qu'elle s'était privée elle-même de toutes les
ressources que pouvait lui fournir cette capitale si l'armée française l'eût évacuée, ou si
elle en eût été chassée. Cependant ce n'est
pas sans admiration que l'on a vu les sacrifices
auxquels les habitans de Moscou se sont dé-
terminés : il n'y a pas de doute qu'ils ont eu
plus de mérite dans cette action que ceux qui
l'avaient commandée. Le conseil de guerre
qui ordonna cette mesure n'ignorait pas
qu'elle pouvait n'être d'aucune utilité, tandis
que l'habitant qui l'exécuta ou qui la laissa
exécuter savait fort bien que, dans l'un ou
l'autre cas, il perdait le tout ou une partie de
ce qu'il possédait.

Malgré l'horreur qu'inspirait un spectacle aussi affreux que l'incendie de l'ancienne Moscou, et les crimes que commirent des forcenés, rebus de l'armée française et de la populace de cette capitale, on y vit encore des traits d'humanité et d'héroïsme qui firent honneur au soldat français. On n'avait laissé aucun moyen pour éteindre l'incendie ; pompes, échelles, sceaux, tout avait été enlevé. Des habitans non prévenus de ce qui devait avoir lieu se trouvaient dans le plus grand danger ; l'on vit par-tout le soldat leur porter des secours. Qui de ceux qui ont été dans Moscou au moment du feu ne se rappelle pas d'avoir vu des milliers de sapeurs et de soldats au haut des maisons embrasées, chercher à arrêter le feu en coupant les solives, et par ce moyen empêcher l'incendie de se communiquer? Combien d'habitans durent la vie à ces mêmes soldats que l'on représente dans leur entrée à Moscou comme des brigands!

Il serait bien difficile de savoir ce qui put porter Buonaparte à rester aussi long-temps à Moscou : on en parle diversement, et l'on se trompe d'autant plus qu'étant peu communicatif, il a laissé ignorer ses desseins : tels qu'ils aient été, ils ne furent conçus que par une tête exaltée, ou plutôt ivre d'ambition. Les uns ont dit qu'il pensait pouvoir rester l'hiver à Moscou ; les autres que le cabinet russe l'avait amusé par des pourparlers qu'on traînait en longueur pour gagner du temps et voir arriver l'hiver. Dans l'une ou l'autre de ces hypothèses, Buonaparte avait toujours tort ; il ne devait pas ignorer qu'une armée comme la sienne ne pouvait vivre dans un climat aussi rude, au centre d'une puissance ennemie, avec les seules ressources que présente un rayon de trente lieues de pays ; il ne pouvait pas ignorer que les Cosaques auraient toujours intercepté ses convois de munitions et de denrées ; et la perte de chevaux qu'avait occasionnée le manque de fourrage depuis le passage du Niémen, devait lui faire sentir combien il serait difficile de faire vivre sa cavalerie, et sans elle, comment entretenir des communications avec les corps qu'il avait laissés derrière lui ? Si l'espérance de prendre des arrangemens lui a fait commettre la faute de rester à Moscou, il est encore plus coupable; un général d'armée, un génie comme celui qu'il avait montré dans l'art de la guerre ne pouvait ignorer toutes les ruses dont on se sert pour perdre son adversaire; et dès qu'il vit que les pourparlers traînaient en longueur, il devait hâter son retour sur la Dwina: l'honneur et l'existence du Français le demandaient, et tout homme sensé l'eût fait; mais, comme je l'ai dit plus haut, il était tellement enivré de sa gloire, qu'il semblait en avoir perdu la tête.

C'est en vain qu'on a cherché à rejeter les malheurs de l'armée sur la venue prématurée du froid; il arriva de bonne heure, cela est vrai; mais c'était de ces incidens que l'homme le plus borné devait prévoir: de plus, ce n'est pas particulièrement au froid qu'on a dû les adversités qui ont accablé les Français; c'est le manque de nourriture qui a porté le coup le plus terrible. Le 16 novembre, nous avions déjà fait des pertes irréparables , et le froid n'était que de 10 degrés au-dessous de zéro , température que l'homme supporte très bien : la gelée ne fut vraiment terrible qu'au 7 décembre , où le thermomètre descendit à 18 et 20 degrés, et à cette époque, l'armée était déjà réduite à bien peu de chose. Du 15 au 20 du même mois, le froid fut de 26 à 28 degrés au-dessous de zéro , et ne fit que très-peu d'effet sur ceux qui avaient échappé aux désastres de la campagne , parce qu'à cette époque les vivres étaient assez communs , et que dès que l'homme n'en manque pas, il peut supporter , même en marche, un froid aussi violent.

Les ressources que l'on trouva à Moscou étaient suffisantes , non-seulement pour faire vivre l'armée pendant un certain temps, mais encore pour faciliter sa retraite sur la Pologne : si Buonaparte l'eût exécutée vers la fin de septembre ou au commencement d'octobre , il n'aurait éprouvé aucun obstacle ; il serait arrivé tranquillement sur les bords de la Dwina , et de là, étendant son aile droite sur Minski et vers l'Ukraine , il eût fait sa jonction

avec le septième corps, qui, uni avec ce ren-
fort, n'aurait pas eu de peine à battre le corps
de Tchitchagoff. Il aurait pu organiser le
royaume de Pologne. L'Ukraine, le gouvernement de Slonim et la Podolie, n'attendaient
que le moment de se réunir au reste des Polonais; tout le monde sait que la seule Ukraine
aurait pu fournir cinquante mille hommes de
cavalerie.

Cependant Buonaparte restait à Moscou;
il semblait qu'il ne pouvait se rassasier de passer en revue cette belle armée qui devait,
dans si peu de temps, devenir la proie des
élémens. Il avait envoyé un corps de quarante
mille hommes composé en partie de cavalerie, et commandé par le roi de Naples, sur
la route de Kalouga, pays qui offrait, il est
vrai, des ressources en fourrages, mais qu'une
aussi nombreuse cavalerie devait bientôt épui-
ser, vu surtout la guerre de destruction que
les Russes avaient adoptée. Ce corps d'armée
livra plusieurs combats où il se couvrit de
gloire, mais qui firent périr dix mille chevaux,
tant par le manque de nourriture que par la

fatigue. Un fait qui a été entièrement défiguré dans les brochures que j'ai lues sur la campagne de Moscou, c'est l'affaire qu'eut le roi de Naples le 18 octobre. A cette époque, on avait conclu pour trois jours un de ces armistices d'avant-garde qui ont lieu, tant pour laisser un peu de repos à la troupe, que pour rendre les derniers honneurs aux morts; on en était au second jour; la moitié de la cavalerie fourrageait, et l'infanterie prenait livraison de la farine avec laquelle elle devait fabriquer son pain, lorsque tout d'un coup un houras se fit entendre, et fut suivi d'une charge de Cosaques au nombre d'à-peu-près vingt mille, appuyés par le feu de quelques pièces de canon cachées dans un bois assez éloigné. Cette attaque imprévue peut avoir jeté l'épouvante dans le cœur de quelques soldats; mais il est faux et très-faux que l'armée se soit mise en fuite. Je tiens, non-seulement d'officiers français et polonais, mais de Prussiens qui faisaient partie de ce corps, que le roi de Naples, qui était à pied lors de ce mouvement, monta de suite à cheval, et se porta avec son

état-major au fort de l'action ; qu'il dirigea
avec son intrépidité ordinaire et un sang froid
inconcevable, même au plus courageux, la
cavalerie au fur et à mesure qu'elle se for-
mait ; que pendant le temps qu'elle se réunis-
sait, les Cosaques s'emparèrent de vingt à
vingt-cinq pièces de canon ; mais qu'étant
bientôt obligés de s'enfuir, ils les abandonnè-
rent. Le corps russe avec lequel s'était fait
l'armistice se mêla à l'affaire ; elle devint alors
générale ; on se battit on ne peut mieux de
part et d'autre. Les Polonais perdirent beaucoup de monde dans cette action ; mais ils y
acquirent une gloire que la postérité éterni-
sera.

Pendant qu'une petite partie de l'armée se
battait en avant-garde, le reste bivouaquait
dans Moscou ou dans les environs, et trouvait
chaque jour dans cette ville des richesses
qu'elle s'appropriait. Enfin, après plus d'un
mois de séjour dans cette capitale, Buonaparte
se décida à rétrograder ; mais il n'était plus
temps, non-seulement parce que l'hiver avan-
çait à grands pas, mais encore parce que l'en-

nemi avait eu le temps de se rallier et de re-
cevoir des renforts, et que la richesse de l'armée française avait diminué sa discipline. Un
soldat riche n'est jamais un bon soldat. Le militaire français pille comme tout autre; mais
d'ordinaire il dépense si légèrement son argent, qu'il est toujours sans le sou. A Moscou,
où on ne trouva guère les moyens de s'amu-
ser, l'argent lui resta : ce fut ce qui causa sa
perte. L'armée qui sortit de cette capitale
était belle; mais on pouvait juger dès-lors
d'une partie des revers qu'elle éprouverait :
on voyait à la suite des régimens de superbes
voitures appartenant à de simples soldats qui
voyageaient dedans; déjà ils n'écoutaient plus
leurs officiers; déjà l'indiscipline commençait
la perte de l'armée.

Les premiers jours de la retraite se passèrent très-bien ; mais en arrivant à Wiasma,
un corps considérable de cavalerie russe,
composé en partie de Cosaques, fondit à l'im-
proviste sur les flancs des deux derniers corps.
Cette brusque attaque jeta l'épouvante parmi
toutes les personnes chargées de butin ; mais

le vice-roi s'étant mis à la tête de son corps d'armée, les Russes se retirèrent avec perte, il est vrai, mais laissant la crainte qu'à chaque instant, ils pourraient recommencer de pareilles attaques, qui seraient d'autant plus difficiles à prévenir, qu'on devait traverser chaque jour des bois immenses qu'on ne pouvait fouiller, et que le mauvais état où se trouvait déjà la cavalerie empêchait que l'on éclairât l'armée aussi bien qu'il le fallait.

Bientôt la fatigue ajouta encore aux peines que l'on éprouvait; les chevaux manquant de fourrages, mouraient déjà en assez grand nombre. Presque tous ceux qui avaient des voitures croyant que c'était leur chargement qui faisait périr les chevaux, leur en ôtèrent une partie; mais au lieu de jeter les marchandises ou objets précieux dont leurs voitures étaient remplies, la cupidité l'emportant sur la prudence, ils se débarrassèrent de leurs provisions de bouche, comptant en trouver dans les villes par où ils devaient passer. Leur attente fut trompée; les magasins se trouvèrent dégarnis, soit par négligence, soit parce qu'ils

avaient été pillés : à peine avait-on quitté
Moscou de huit jours, que déjà l'on manquait
de vivres. Bientôt le froid ajouta à cette cala-
mité ; les chevaux en furent les premières
victimes ; en peu de jours on en perdit la plus
grande partie. Harcelée à chaque instant par
la cavalerie ennemie, l'armée française arriva
à Smolensk, et en repartit, laissant le maréchal Ney pour en faire sauter les fortifica-
tions. Ce général n'avait pas avec lui quinze
mille hommes, comme on l'a dit faussement ;
mais il commandait alors le 5e corps composé
de Polonais que le prince Poniatouski, leur
brave général, avait été obligé de quitter,
ayant la jambe cassée d'une chute de cheval.
Ce corps qui avait le plus souffert de tous ceux
de l'armée, ayant toujours formé l'avant ou
l'arrière-garde, n'était plus fort à Smolensk
que de cinq mille hommes ; mais il avait conservé toute son artillerie. Le travail des mi-
nés ayant demandé du temps, l'armée avait
deux jours d'avance quand le maréchal Ney
sortit de Smolensk. Un colonel russe lui fut
envoyé comme parlementaire ; il lui dit qu'il

était cerné de toute part, que le gros de l'armée commandé par Buonaparte s'était rendu, et que ce serait se perdre ainsi que les soldats qu'il avait avec lui, que de vouloir faire résistance. Le maréchal Ney répondit à cet officier qu'il ne savait pas ce que c'était que de capituler, ayant le commandement d'un corps de braves; qu'il se pouvait qu'il fût cerné, mais qu'il allait faire en sorte de lui montrer un chemin par lequel il saurait se faire jour. Effectivement, il se porta sur la gauche de Smolensk, se dirigeant sur le Niéper. Il trouva à quelque distance de cette rivière un corps russe qui voulut lui barrer le passage : il l'attaqua, passa au milieu en laissant les morts et blessés qu'il eut dans cette affaire, mais emmenant avec lui son artillerie. Après cette affaire, le maréchal Ney passa le Niéper et rejoignit le reste de l'armée. Comment se fait-il que l'on a écrit qu'il s'était sauvé presque seul, et que le 23 décembre, arriva à Pultusk le 5e corps qu'il commandait alors, ramenant avec lui toute son artillerie? Les Français les Saxons et les Autrichiens furent témoins de cela , puisque , peu de jours après, tous ces corps entrèrent ensemble à Varsovie.

Polonais, braves et intrépides guerriers, quel que soit le sort que la politique vous réserve, l'Europe n'oubliera jamais le patriotisme que vous avez montré; jamais on ne saura apprécier assez cet entier dévouement à la cause commune. Oui, nous verrons toujours ce peuple de héros qui ne formaient pour ainsi dire qu'une seule famille quand il s'agissait de l'indépendance et du bonheur de leur pays : sang, fortune, repos, vous sacrifiâtes tout sans le moindre regret. Cet amour de la patrie n'était pas moins fort dans le cœur du beau sexe ; je les ai vues ces femmes étonnantes, ne s'occuper dans les momens les plus critiques que de l'honneur de leur pays. Polonais, je paye bien faiblement par cet écrit le tribut d'admiration que vous doivent tous les hommes d'honneur ; mais je serais bien encore plus au-dessous de mon sujet si je voulais vous peindre toute la reconnaissance que nous avons éprouvée des soins et de la tendre sollicitude qu'on nous prodigua dans votre pays lors de notre malheureuse retraite. Je vois encore ces vieillards et ces femmes, modèles de vertus et d'héroïsme, oublier leurs peines pour chercher à nous donner des consolations ; je les entends encore nous dire : « Français, l'honneur nous » reste, vous nous estimez, cela nous suf- » fit ». Par-tout nous trouvions non-seulement des amis, mais des pères, des frères et des sœurs.

Et vous, brave général, prince magnanime qui sacrifia tout pour son pays, Poniatouski, votre nom est immortel comme vos hauts faits. Si vos aïeux vous égalent au courage, ils ne peuvent vous surpasser en vertu, car vous les réunissiez toutes. Les Polonais et les Français n'oublieront jamais que par-tout où vous portiez vos pas on était sûr de trouver la gloire et l'honneur.

Malgré quelques actions du genre de celle du passage du Niéper, la retraite n'en présentait pas moins le tableau le plus affreux ; le manque de vivres, le froid et l'indiscipline ruinaient châque jour l'armée ; l'égoïsme était à l'ordre du jour ; le malheur avait abruti le soldat ; il ne respectait plus rien, parce que la mort qu'il voyait inévitable lui faisait fouler aux pieds toutes les lois de l'honneur. Ce fut en vain que quelques officiers voulurent les rappeler à leur devoir, ils n'écoutèrent rien ; ils allaient par centaine à une ou deux lieues à la ronde pour marauder, et il n'en revenait pas le quart : les autres mouraient de froid ou tombaient au pouvoir de l'ennemi. L'eau – de – vie de grain que les Allemands appellent *schenape*, ne contribua pas peu à la mortalité qui régna dans l'armée : ayant l'estomac privé d'alimens, on avait la tête faible ; la moitié d'un petit verre de cette liqueur suffisait pour étourdir un homme ; dès – lors il ne voulait plus marcher ; il s'asseyait, et dix minutes après il était mort.

Enfin l'armée française arriva sur les bords de la Bérézina ; mais Tschitchagoff et Wittgenstein s'y trouvaient aussi : heureusement que le corps du maréchal Oudinot s'y était porté. Les Russes voulurent empêcher le passage ; leur artillerie tirait sur deux petits ponts que l'on avait jetés sur la rivière, tandis qu'une partie de l'infanterie cherchait à manœuvrer sur la rive droite pour empêcher le passage. Le maréchal Oudinot s'apercevant de ce mouvement, se porta avec son corps sur cette partie de l'armée russe. Une affaire sanglante s'engagea ; on se battit bravement des deux côtés ; le 4e cuirassiers s'y couvrit de gloire, et il fit, dans plusieurs charges, près de six mille prisonniers. L'ennemi ne put résister à une pareille attaque, et laissa de ce côté le passage libre à l'armée. Mais le canon qui tirait de l'autre rive, en jetant l'épouvante dans la troupe, faisait qu'elle se précipitait sur les ponts, et même dans la rivière, qu'elle espérait franchir. C'est alors que l'armée abandonna presque le reste de ses bagages, et qu'un grand nombre de militaires et d'employés perdirent la vie par trop de précipitation.

Les avantages qu'avait eus le maréchal Oudinot n'eurent aucun résultat heureux, puisque, dans la nuit qui suivit l'affaire, les prisonniers faits furent repris ; mais il n'en est pas moins vrai que les braves qu'il avait sous ses ordres se couvrirent de gloire dans cette journée, et sauvèrent le reste de l'armée.

Enfin ceux qui avaient survécu aux désastres de la retraite espéraient qu'en arrivant à Wilna toutes leurs peines allaient être terminées ; cela était présumable, et l'on ignore encore à qui l'on doit que cela n'ait pas eu lieu. A peine l'armée était-elle depuis un jour à Wilna, que cette ville manquait de vivres, tandis qu'à vingt lieues de là les grains et les fourrages étaient pour rien. Ceux qui sont revenus de Wilna par Grodno, Bialystoesc et Varsovie, ont vu combien ces gouvernemens avaient de denrées, et combien il était aisé de les envoyer à l'armée ; il n'y aurait rien eu de plus facile que de se procurer de dix à vingt mille traîneaux de Varsovie à Grodno, et ces traîneaux auraient pu porter des vivres à toute l'armée pour plus de quinze jours. Une faible escorte aurait suffi à ces convois avant le mois de dé-

cembre, puisque journellement on allait iso-
lément de Varsovie à Wilna, et que les corps
de Sacken et de Langeron, qui étaient les
seuls qui se trouvaient dans cette partie de
la Pologne, avaient été poursuivis jusqu'à
Kiaw par les Saxons et la division Durutte.

Buonaparte, après le passage de la Bérézina, avait quitté l'armée, et en avait remis
le commandement au roi de Naples : les uns
ont dit qu'il avait mal fait, d'autres que son
prompt retour en France était le seul moyen
de réorganiser une armée, et d'empêcher
que dès-lors les puissances qui avoisinaient
la France n'entrassent sur son territoire. Il
serait très-difficile de prononcer sur la conduite de Buonaparte en cette occasion, vu
la position où il se trouvait. Si d'une part,
en restant avec son armée, il pouvait favo-
riser son retour, de l'autre, en revenant en
France, il hâtait la marche des secours qu'il
fallait lui envoyer. Fit-il bien, fit-il mal ? c'est
ce qui n'est pas très-facile de décider. Mais
quant à ce qui est du reproche de lâcheté
qu'on lui fit en cette occasion, il est entiè-

rement dénué de bon sens, car il n'aurait pas plus couru de péril à Wilna, à Konisberg que ses maréchaux, qui sont tous revenus. Il ignorait, quand il quitta l'armée, la défection que le corps prussien devait effectuer, et c'était même pour la prévenir qu'il fallait retourner en France. Mais si, dès ce moment, il eût été de bonne foi ; si les affreux revers qu'il venait d'essuyer avaient fait effet sur son ambition démesurée, il n'aurait pas balancé à faire dès-lors les sacrifices que sa position exigeait, et qui eussent, sinon amené la paix, au moins empêché la Prusse de s'unir avec la Russie ; tout le portait à rendre à cette première puissance une partie de ce qu'il lui avait pris en 1806, tant pour l'indemniser des sacrifices qu'elle venait de faire, que pour la décider à joindre toutes ses forces à celles qui restaient aux Français, pour arrêter la marche des Russes. Il est à présumer que la Prusse aurait consenti à cet arrangement, et alors leur armée de Silésie, forte de quarante mille hommes, jointe au corps du maréchal Augereau qui se trouvait à Berlin, et aux débris de la grande armée, aurait encore offert une force de cent à cent cinquante mille hommes, suffisante pour arrêter les Russes, qui eux-mêmes, fatigués d'une guerre aussi penible, auraient consenti à une paix, sinon avantageuse pour la France, du moins non déshonorable. Qu'aurait-il fallu pour cela ? sacrifier le royaume de Westphalie qui ne pouvait exister pour plusieurs raisons : la première était que les Westphaliens n'aimaient ni ne respectaient leur roi; la seconde, que ce royaume, formé de différentes principautés qui avaient eu chacune de différentes lois, et dont la plupart ne payaient avant la guerre qu'un léger droit d'imposition, ne pouvaient se résoudre à faire les sacrifices que demandent les besoins d'une couronne qui veut avoir une situation militaire. Le Westphalien, ou les peuples qui composaient le royaume de ce nom, n'ont pas l'humeur belliqueuse : aussi ne pouvait-on pas espérer d'en faire de bons soldats. Voilà bien des raisons qui auraient dû porter Buonaparte à rendre la partie de ce royaume qui avait appartenu à la Prusse à son ancien maître : s'il l'eût fait, au lieu d'un ennemi il se serait acquis un bon allié, et ses sottises auraient été réparées; mais il lui fallait encore de plus grands exemples; les malheurs qu'il avait eus sous les yeux n'avaient fait qu'exalter sa tête; les Français devaient faire encore de plus grands sacrifices, des pertes plus cruelles....!

Je reviens à l'armée, qui, en arrivant à Wilna, et croyant y trouver des vivres et des secours, ne se pressait pas d'en partir. Le surlendemain de son arrivée, des *houras* se firent entendre. Dès ce moment le désordre recommença; chacun cherchait à se sauver pour son compte. Quelques corps étaient déjà partis et marchaient avec ordre; mais ceux qu'une fausse sécurité avait abusés, et qui étaient restés dans Wilna pour réparer leurs forces, tombèrent en partie au pouvoir des Russes. C'est là que le trésor de l'armée fut livré au pillage, et que tous les équipages que l'on avait sauvés devinrent la proie des Cosaques. Enfin les débris de cette belle armée passèrent le Niémen et entrèrent sur les terres de la Prusse; mais ce ne fut guère qu'à Konisberg que les Français commencèrent à reprendre haleine, qu'ils trouvèrent suffisámment de nourriture, et qu'enfin on chercha à réorganiser l'armée. Cependant tous ses malheurs n'étaient pas encore terminés : la défection du corps prussien changeait un allié en ennemi. L'étonnement fut général : la politique pouvait commander une telle mesure; mais l'honneur militaire ne devait seulement pas la présumer. Abandonner ses compagnons d'armes lorsqu'ils éprouvent des revers, les laisser exposés, dans le dénuement le plus absolu, à lutter seuls contre un ennemi six fois plus nombreux qu'eux, tandis qu'en restant fidèles on pouvait tout empêcher; voilà ce qu'on ne vit jamais; voilà ce que l'on ne crut que lorsque l'évidence en démontra l'entière vérité. *La postérité jugera cette action et bien d'autres qui l'ont suivie à leur juste valeur.*

Tandis que l'armée était à Konigsberg, on s'occupa à mettre garnison dans les places fortes qui bordent la Vistule ; les débris de la cavalerie furent envoyés dans les parties du pays qui offraient le plus de ressources en fourrages. L'administration des corps recommencèrent leurs travaux ; ce fut dans ce temps-là que le roi de Naples quitta le commandement de l'armée, qui fut donné au prince Eugêne. On parla diversement de ce changement, et l'ordre qui l'annonça ne put qu'ajouter aux différentes opinions auxquelles il donna lieu, car jamais Buonaparte ne dit rien de plus désagréable pour un de ses généraux, et il n'aurait pas dû oublier que celui-là était roi.

Cependant on ne pouvait se refuser de dire que dans la position où se trouvait l'armée, il convenait mieux que ce fût le prince Eugêne qui la commandât. Le roi de Naples est un grand capitaine ; son intrépidité et sa bravoure sont rares, même dans l'armée française ; mais accoutumé à toujours vaincre, ce n'était qu'avec chagrin qu'il se voyait obligé de rétrograder ; cela le portait à avoir fréquemment des affaires d'arrière-garde qui affaiblissaient

une armée obligée, par sa position critique,
de ménager ses moyens ; en outre, toujours
dans les camps et à la tête des plus braves, il
n'avait guère pu s'occuper d'affaires d'administration ; il lui fallait donc se mettre à un
travail qui lui était, sinon inconnu, du moins
peu familier. Il en était tout autrement du
prince Eugène ; ses premières campagnes n'a-
vaient pas toujours offert des succès ; celle
de 1809 lui avait fait connaître les vicissitudes
de la guerre, et quoiqu'il y acquît beaucoup
de gloire, il n'avait pas oublié que son commencement avait été pénible. Ayant alors, dans
le maréchal Macdonald, un des meilleurs généraux de la France, il le prit pour modèle,
et bientôt ce général lui-même le reconnut
pour un des plus grands capitaines de l'Europe ; il s'était couvert de gloire dans la campagne qui avait vu les Français à Moscou ;
l'armée voyait en lui un de ses plus grands et
de ses plus braves généraux, les officiers
l'homme le plus aimable, et les soldats le père
le plus sensible ; toute personne pouvait pré-
tendre à la justice dès qu'elle s'adressait au

prince ; on ne voyait pas près de lui de ces valets dont l'insolence vous repousse ; chacun était admis sans formalité, et le malheureux trouvait protection et secours. Voilà l'homme qu'il fallait pour commander les débris de l'armée ; aimé de tous, il pouvait dire avec plaisir : je n'ai point d'ennemis, même dans ceux qui, par le sort de la guerre, me sont opposés. *Il existe bien peu de généraux desquels on puisse penser cela ; tous les Français qui ont fait la guerre savent que je ne dis que la vérité, et qu'il serait bien impossible de peindre l'amour que tous les militaires lui portent.*

Je laisse à des plumes plus exercées, je laisse à la postérité à parler de la retraite que le prince Eugène effectua de Konigsberg sur l'Elbe, au milieu d'un pays dont les habitans nous détestaient, et qui ne respectaient pas toujours le malheur. Ils diront, ces historiens, comment, à la tête d'un corps qui ne comptait pas plus de vingt mille hommes, il sut arrêter pendant deux mois la marche de l'armée russe ; il battait en retraite, mais doucement et prudemment ; tous ses mouvemens étaient exécutés avec sang-froid et intrépidité : c'est ainsi qu'il resta vingt jours au moins à Posen, pour donner le temps d'évacuer les hôpitaux des villes qu'il avait derrière lui ; c'est ainsi que, s'étant porté sur l'Oder, il eût empêché le passage de cette rivière à l'armée russe, si les Prussiens ne leur eussent pas ouvert leurs cantonnemens, et ne se fussent pas joints avec eux.

L'histoire dira aussi que le prince Eugène, avec trente à quarante mille hommes, arrêta toutes les lignes russes et prussiennes sur les bords de l'Elbe pendant plus de six semaines ; que dans plusieurs affaires qui eurent lieu, il sut, en ménageant le sang de ses soldats, montrer à l'ennemi qu'il ne serait pas facile de le vaincre tant qu'il commanderait des Français.

J'ai terminé ce léger abrégé de la campagne de Moscou. On ne sera pas peu surpris, en lisant cette relation, de voir la différence qui existe entr'elle et celles qui ont déjà paru ; je ne dis que la vérité, je ne dis que ce que j'ai eu sous les yeux, ou ce que j'ai su par les différens rapports d'amis qui n'avaient aucune raison pour me déguiser la vérité, et je ne conçois pas comment on a pu tronquer ainsi les événemens que je viens de rapporter. Qui a pu porter les auteurs de ces brochures à le faire ? Je ne puis le deviner. Les horreurs de la retraite de Moscou avaient fait assez de mal à ceux qui les avaient eues sous les yeux et qui en étaient revenus, pour au moins ne pas attaquer l'honneur qui leur restait. Oui, je le dis avec tous ceux qui ont fait cette malheureuse campagne, on ne peut voir rien de plus affreux que le spectacle que présentait la route de Moscou au Niémen ; mais c'étaient le manque d'alimens et le froid qui occasionnaient toutes ces pertes; c'étaient ces raisons qui jetaient les Français dans l'abattement : mais toutes les fois que les Russes se présentèrent en force, ils furent reçus bravement, et ils ne laissèrent pas peu des leurs dans les affaires de Wiasma et de la Bérézina, qui furent les seules où réellement les Russes attaquèrent l'armée française.

Pourrais-je penser que c'est pour plaire aux souverains alliés qu'on en a imposé aussi fortement : c'eût été une duperie de celui qui en a agi ainsi ; car non-seulement l'Empereur de Russie sait fort bien comment la retraite s'est passée, mais encore, plus on cherche à affaiblir la gloire des Français, plus on humilie les puissances qu'ils ont tant de fois battues avec leurs propres forces, tandis que toute l'Europe s'est liguée contre eux, et qu'il a encore fallu, pour en venir à bout, profiter du desir qu'ils avaient de secouer le joug d'un souverain qui abusait journellement de leur dévouement.

Buonaparte n'avait pas rendu les Français valeureux, ils l'ont été de tout temps ; mais il avait su profiter de leur ardeur belliqueuse ; il se rappelait de ce que disait Frédéric-le-Grand, qui en savait bien autant qu'un autre, que s'il était roi de France, on ne tirerait pas un coup de canon en Europe sans sa permission : il n'a donc fait que conduire les Français à la victoire ; et parce que son ambition lui avait fait faire des sottises, n'en étions-nous

pas pour cela les mêmes hommes? N'avions-
nous plus ces grands généraux qui sont l'honneur des Français, et *que les puissances
alliées regardent encore comme les plus
grands capitaines du monde?* Oui, la France
était lasse de voir à sa tête un souverain qui,
par son ambition, rendait la guerre interminable; mais à présent qu'un roi plus sage et
plus prudent est à la tête de l'Etat; à présent
que tous les cœurs lui sont dévoués, qu'*on
éprouve à vouloir humilier les Français*, on
les verra toujours les mêmes soldats que *ceux
d'Austerlitz, d'Iéna, de Lutzen et de Beut-
zen*, et dignes de servir sous les descendans
du brave Henri IV, et sous les généraux qui,
depuis vingt ans, les conduisent à la victoire.

Louis XVIII, notre Roi, nous a rendu la
paix; tous les Français ont dû et doivent se
rallier à son trône, tant comme l'héritier des
Bourbons, nos légitimes souverains, que
comme le point de ralliement du bonheur et
de la force de la France. Si nos opinions
avaient été divisées, des guerres civiles auraient éclaté, et l'ennemi aurait profité de nos

discordes pour nous démembrer. Les souverains alliés pouvaient avoir de bonnes inten-
tions; mais la politique des cabinets n'en a jamais, et tant de personnes humiliées par nos
victoires passées étaient bien difficiles à con-
tenter ; *notre unité d'opinions a mis des
bornes aux demandes immodérées des uns,
à l'ambition des autres, et ce que la grandeur d'ame n'aurait peut-être pu faire, a
eu lieu par la crainte qu'on éprouvait de
voir tant de monde dévoué à la cause pu-
blique.*

Il ne fallait pas moins que le desir de faire
voir toutes les faussetés d'une partie des brochures qui ont paru sur la campagne de
Moscou, pour me décider à écrire, et surtout
sur un sujet qui me rappelait des souvenirs
bien pénibles. Plus que tout autre, j'ai eu
lieu de me plaindre des événemens ; j'ai vu
s'éteindre dans mes bras les meilleurs de mes
amis, sans pouvoir même leur rendre les derniers honneurs ; cette seule pensée rouvre
toutes les blessures que mon cœur reçut dans
cette malheureuse campagne ; j'ai besoin d'un

sujet qui fasse disparaître mes idées affligeantes : c'est en m'occupant de vous, ô Louis ! ô mon Roi ! que seul je puis oublier les pertes que j'ai faites. O vous ! souverain magnanime, que tous les vœux d'un peuple remettent à sa tête, vous de qui les Français espèrent le bonheur, ou plutôt à qui vous l'avez déjà donné en déployant un caractère qui nous promet un règne glorieux, vous n'oublierez jamais que les Français préfèrent l'honneur à la vie ; vous n'oublierez pas que les hommes vertueux sont égaux, et qu'en ouvrant la carrière des honneurs à tous les hommes à talens, vous assurez le bonheur et la prospérité à votre empire. Et vous, princes, dont l'adversité ne put lasser le courage, vous qui devez un jour régner sur nous, vous êtes Français, tout nous assure que nous serons heureux sous vos lois ; espérons qu'une paix durable rendra le calme à toute l'Europe ; mais s'il fallait un jour reprendre les armes, les descendans de Henri IV nous conduiraient au champ d'honneur, votre conduite passée nous l'assure ; n'avez-vous pas de votre aveu trésailli plus d'une fois de plaisir en apprenant les succès des armées françaises, en pensant que c'étaient vos sujets, vos compatriotes qui s'immortalisaient d'une gloire éternelle ?

Et vous, charmante princesse, dont les seules vertus purent surpasser les malheurs, vous à qui l'homme le plus insensible ne put refuser des larmes, combien il nous est agréable de vous voir reprendre le rang où non-seulement votre naissance vous appelait, mais qui était dû à vos aimables qualités ! Recevez l'hommage que je vous offre au nom de tous les Français ; il est aussi pur que votre ame, et sera éternel comme vos vertus.

Bourbons ! recevez avec d'autant plus d'indulgence les vœux de votre sujet, qu'aucun intérêt, même celui d'auteur, ne conduit ma plume ; je chéris trop le bonheur d'être indépendant pour désirer la moindre chose ; mon hommage ne peut donc pas être suspect ; le cœur seul dicte mes expressions ; ce sont les sentimens des Français que je vous peints ; je vous ai toujours aimés, même lorsque vous étiez loin de la France, lorsque même je ne

pensais pas à votre retour. J'avais à peine cinq
ans quand les fureurs de la révolution se firent
sentir avec le plus de violence ; j'en étais déjà
victime. Mon père, qui avait écrit pour son
roi, fut obligé, pour sauver sa tête, de s'ex-
patrier ; ma mère, retirée avec cinq enfans,
attendait à chaque moment celui de sa mort :
l'un et l'autre échappèrent aux fureurs de la
révolution. Quand j'atteignis l'âge de raison-
ner, je m'affligeai des détails que je lisais des
malheurs de la famille de mes souverains ;
mille fois, en pensant aux revers de ces augustes personnes, je répandis des larmes,
d'autant plus amères, que j'étais obligé de
m'avouer que mes compatriotes avaient causé
tous leurs chagrins, et de convenir que les
Français s'étaient rendus régicides. Je vis
avec plaisir qu'on renversait le gouvernement
républicain, qui ne peut exister dans notre
France. Le commencement du règne de Buonaparte nous faisait espérer des jours heureux ; j'aurais préféré qu'il eût remis sur le
trône de France la famille des Bourbons ; mais
je pensais que cela avait offert de grandes

difficultés ; je ne méconnus pas l'ambition qui l'a conduit dans l'abîme où il a failli nous précipiter. Enfin Louis XVIII est venu essuyer nos larmes, et des jours de bonheur renaissent pour ma patrie.

Français ! chers compatriotes ! que le passé vous serve d'exemple ; n'oubliez jamais que le gouvernement démocratique n'est point fait pour une grande puissance ; remarquez comment se comporte d'ordinaire une nombreuse famille qui n'a point de chef ; il en est de même d'un Etat. Il est aisé de vous prouver que le gouvernement républicain ne convient pas à un grand pays ; dites-moi quels sont ceux qui parviennent aux premiers emplois dans un gouvernement démocratique ? Ce sont des ambitieux, n'est-ce pas ? Et qu'est-ce ordinairement qu'un ambitieux ? C'est un homme qui a foulé aux pieds tout ce qui l'attachait à ses semblables, enfin c'est un égoïste. Si cet être devient chef du gouvernement, le pays ne peut qu'être malheureux, ainsi sur dix personnes qui aspirent aux premières dignités d'une république, il y a dix ambitieux, et dans ces dix ambitieux, neuf au moins sont vicieux; tandis que sur dix rois, il en est au moins huit de bons; et puis ils ont l'exemple de leurs ancêtres qui les conduit; tandis que l'ambitieux qui parvient à la tête d'une république est très-souvent d'une famille inconnue. Si nous nous reportons à l'histoire, nous verrons que Rome fut grande sous le gouvernement républicain, mais que chaque jour des guerres civiles avaient lieu, parce que chacun cherchait à déplacer son semblable.

Nous autres Français, nous avons besoin plus que tout autre d'un gouvernement monarchique; nous ne sommes pas toujours maîtres de nos premiers mouvemens; de plus nous avons un esprit libéral qui pourrait nous entraîner dans des excès si nous n'étions pas bien conduits. Pour que la France soit heureuse, il faut à sa tête un roi ferme, bon, et qui rende justice à chacun de ses sujets. Soyons donc dignes de celui que nous avons; rallions-nous tous sous ses lois, et conservons cette ancienne devise : *le Roi, l'honneur et les Dames.*

Je ne puis terminer cette brochure sans chercher à éteindre ou du moins à combattre une opinion que je vois émettre par beaucoup de personnes, surtout depuis les derniers événemens; c'est celle que les Français n'ont pas d'esprit national. Je desirerais bien savoir ce que l'on entend par cet esprit : si c'est l'amour de la patrie, ah! quel autre peuple l'a au plus haut degré que le Français? quel est l'homme qui ne l'a pas toujours vu prêt à exposer sa vie pour en défendre l'honneur et l'indépendance? Cette opinion est-elle basée sur ce que, dans la dernière guerre, toutes les provinces ne se levaient pas en masse? Ah! ne sait-on pas qu'on était las d'un Gouvernement qu'une pareille mesure aurait conservé? Ne savait-on pas que l'ennemi chassé des frontières, on serait retourné dans les pays étrangers? Oui, voilà la seule raison qui, pour notre bonheur, mit des bornes à l'élan national. O vous qui en doutez! que n'avez-vous pendant ces époques orageuses, depuis même que les affaires s'étaient arrangées, tandis que les alliés étaient cantonnés dans la France,

que n'avez-vous, dis-je, parcouru les provinces ! vous auriez vu par-tout ce caractère
de grandeur et de bravoure inné chez le Français ; vous auriez vu que, tant que les alliés
étaient honnêtes on l'était avec eux ; mais dès
qu'ils oubliaient que nous n'avions pas été
vaincus, le paysan le plus obscur leur prou-
vait que ce n'était pas en vain qu'on cherchait
à humilier un Français.

Je ne pense pas que, par esprit national, on
entende cet égoïsme qui fait qu'on ne trouve
rien de bon que ce qui est dans son pays. Nous
autres, plus que tout autre, aurions peut-être
des droits à l'indulgence si nous donnions dans
ce travers, vu la fertilité de notre territoire
et la civilisation du peuple ; mais, Dieu merci,
nous en sommes exempts. Jamais l'homme
raisonnable ne regardera comme une vertu
cet esprit qui fait que l'on trouve mauvais
tout ce qui n'a pas été fait dans le pays d'où
l'on est. Que penser, dites-moi, de cet être
qui, en voyant un objet curieux et bien tra-
vaillé, s'écrie de suite : « Cela a été fait chez
» moi, car chez moi seul on a du goût et

» des connaissances ? » Voilà cependant ce que l'on regarde comme de l'esprit national dans certains pays. Je rends grace au ciel que peu de Français aient celui-là.

Depuis vingt ans que nous faisons la guerre dans toute l'Europe, on détestait par-tout notre Gouvernement, et cette haine rejaillissait quelquefois sur les individus ; mais généralement on disait des Français qu'ils étaient bons, prévenans, obligeans, braves, qu'ils avaient cette politesse si bien faite pour charmer et pour coopérer à l'agrément de la société. Soyons toujours dignes de cette opinion, et n'envions pas celle d'égoïste, qui est le résultat de l'esprit national tel que l'entendent beaucoup de personnes.

FIN.